PREMIER ALPHABET FRANÇAIS DOUBLE

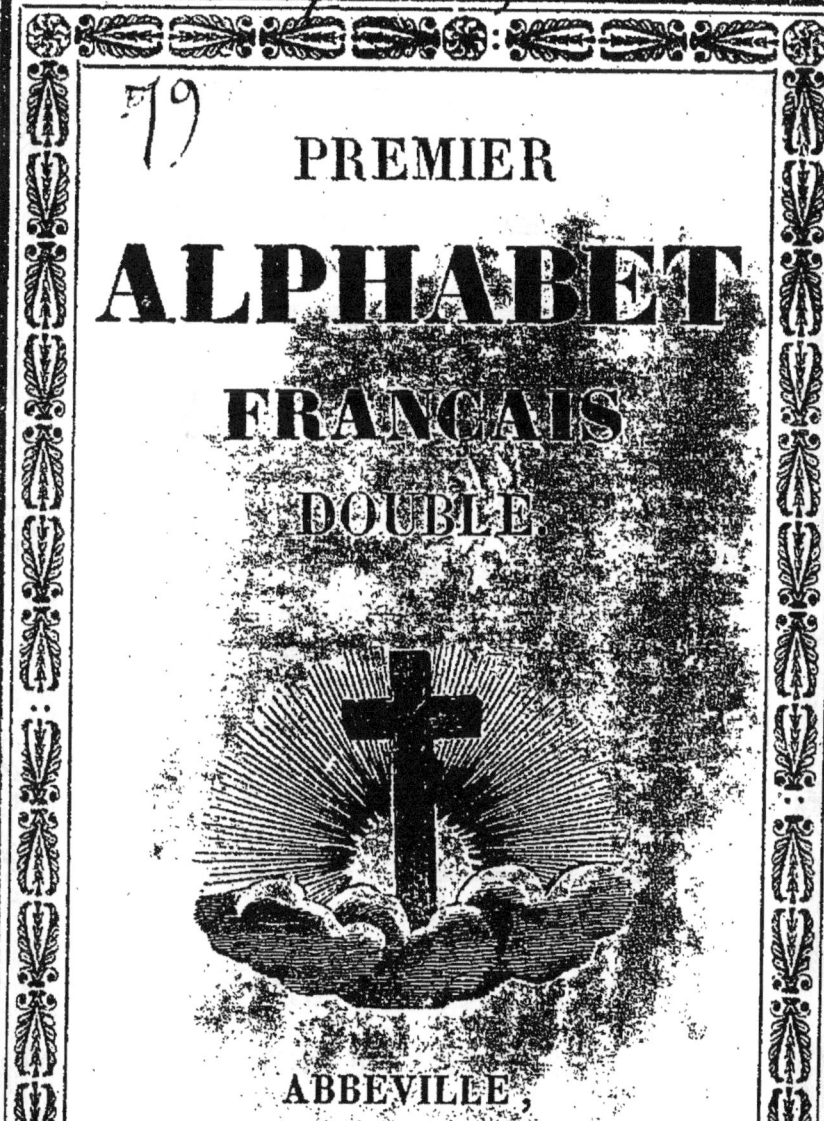

ABBEVILLE,
Chez GAVOIS-GRARE, Libraire,
Pont-aux-Brouettes, n° 7.

— 2 —

SAUVEUR DU MONDE
AYEZ PITIÉ DE NOUS.

PREMIER ALPHABET FRANÇAIS,

DIVISÉ PAR SYLLABES,

Pour apprendre à épeler avec facilité.

— 4 —

A	B	C	D
E	F	G	H
IJ	K	L	M
N	O	P	Q
R	S	T	U
V	X	Y	Z

— 5 —

a	b	c	d
e	f	g	h
ij	k	l	m
n	o	p	q
r	s	t	u
v	x	y	z

— 6 —

A B C D E
F G H I J
K L M N O P Q R
S T U V X Y Z.

a b c d e f
g h i j k l m n
o p q r s t u v x
y z ff ff fi ffi fl ffl.

— 7 —

ABCDEFGHIJ
abcdefghij
KLMNOPQRS
klmnopqrs
TUVXYZÆŒW.
tuvxyzæœw.

â ê î ô û.   à è ì ò ù.   ë ï ü.

A B C D E F G H I
a b c d e f g h i
J K L M N O P Q R
j k l m n o p q r
S T U V X Y Z. Æ Œ W.
t u v x y z. œ œ w.
fi ffi fl ffl.
1 2 3 4 5 6 7 8 9 0.

— 8 —

SYLLABES.

Ba bé bè be bi bo bu.
Ca cé cé ce ci co cu.
Da dé dè de di do du.
Fa fé fè fe fi fo fu.
Ge gé gè ge gi go gu.

---

* On prononce *ca, co, cu,* comme s'il y avait *ka, ko, ku;* — *Ga, go, gu,* et non pas comme s'il y avait *ja, jo, ju,*

Ha	hé	hè	he	hi	ho	hu.
Ja	jé	jè	je	ji	jo	ju.
Ka	ké	kè	ke	ki	ko	ku.
La	lé	lè	le	li	lo	lu.
Ma	mé	mè	me	mi	mo	mu.
Na	né	nè	ne	ni	no	nu.
Pa	pé	pè	pe	pi	po	pu.
Qua	qué	què	que	qui	quo	quu.
Ra	ré	rè	re	ri	ro	ru.
Sa	sé	sè	se	si	so	su.
Ta	té	tè	te	ti	to	tu.
Va	vé	vè	ve	vi	vo	vu.
Xa	xé	xè	xe	xi	xo	xu.
Za	zé	zè	ze	zi	zo	zu.
Bla	blé	blè	ble	bli	blo	blu.
Bra	bré	brè	bre	bri	bro	bru.
Chra	chré	chrè	chre	chri	chro	chru

Cla	clé	clè	cle	cli	clo	clu
Dra	dré	drè	dre	dri	dro	dru.
Fla	flé	flè	fle	fli	flo	flu.
Fra	fré	frè	fre	fri	fro	fru.
Gla	glé	glè	gle	gli	glo	glu.
Gna	gné	gnè	gne	gni	gno	gnu.
Gra	gré	grè	gre	gri	gro	gru.
Gua	gué	guè	gue	gui	guo	guu.
Pla	plé	plè	ple	pli	plo	plu.
Pra	pré	prè	pre	pri	pro	pru.
Pha	phé	phè	phe	phi	pho	phu.
Spa	spé	spè	spe	spi	spo	spu.
Sta	sté	stè	ste	sti	sto	stu.
Tla	tlé	tlè	tle	tli	tlo	tlu.
Tra	tré	trè	tre	tri	tro	tru.
Tha	thé	thè	the	thi	tho	thu.
Vra	vré	vrè	vre	vri	vro	vru.

Voyelles : A, E, I, O, U (y).

No-tre Pè-re, qui ê-tes aux ci-eux, que vo-tre nom soit sanc-ti-fi-é; que vo-tre rè-gne ar-ri-ve; que vo-tre vo-lon-té soit fai-te sur la ter-re com-me dans le ci-el : don nez-nous au-jour-d'hui no-tre pain de cha-que jour; par-don-nez nous nos of-fen-ses, com-me nous par-don-nons à ceux qui nous ont of-fen-sé; et ne nous lais-sez pas succom-ber à la ten-ta-ti-on, mais dé-li - vrez - nous du mal. Ain-si soit-il.

Je vous sa-lue, Ma-rie, plei-ne de grâ-ce, le Sei-gneur est a - vec vous : vous êtes bé-nie en-tre tou-tes les fem-mes, et Jé-sus le fruit de vos en-trail-les est bé-ni. Sain-te Ma-rie, mè-re de Di-eu, pri-ez pour nous, pauvres pé-cheurs main-te-nant et à l'heu-re de no-tre mort. Ain-si soit.

Je crois en Di-eu, le Pè-re Tout-puis-sant, Cré-a-teur du ci-el et de la ter-re; et en Jé-sus-Christ son Fils u-ni-que, No-tre Sei-gneur; qui a é-té con-çu du

Saint-Es-prit; est né de la Vi-er-ge Ma-rie, qui a souf-fert sous Pon-ce Pi-la-te, a é-t-é cru-ci-fi-é, est mort, et a été en-se-ve-li; qui est des-cen-du aux en-fers, le troi-si-è-me jour est res-sus-ci-té des morts; qui est mon-té aux ci-eux, est as-sis à la droi-te de Di-eu le Pè-re Tout-Puis-sant, d'où il vi-en-dra ju-ger les vi-vans et les morts. Je crois au Saint-Es-prit, à la sain-te Égli-se Ca-tho-li-que, la com - mu - ni - on des Saints, la ré-mis-si-on des pé-chés, la ré-sur-rec-ti-on de la chair, la vie é-ter-nel-le. Ain-si.

Que la Sain-te Vi-er-ge, les Saints An-ges et tous les Saints in-ter-cè-dent pour nous au-près de No-tre-Sei-gneur Jé-sus-Christ.

Ain-si soit-il.

A-vant le Re-pas.

Que la main de Jé-sus-Christ nous bé-nis-se, ain-si que la nour-ri-tu-re que nous al-lons pren-dre.

Au nom du Pè-re, et du Fils, et du Saint-Es-prit. Ain-si soit-il.

A-près le Re-pas.

Nous vous ren-dons grâ-ces de tous vos bi-en-faits, Dieu Tout-Puis-sant qui vi-vez et ré-gnez dans tous les si-è-cles des si-è-cles. Ain-si soit-il.

PRIÈRES.

DI-VIN JÉ-SUS, fai-tes que je vi-ve se-lon les pré-cep-tes de vo-tre saint E-van-gi-le; ren-dez-moi di-gne dans tous les tems d'ob-te-nir de vous tou-tes les grâ-ces qui me se-ront né-ces-sai-res pour ê-tre heu-reux en ce mon-de et en l'au-tre. Ain-si soit-il.

Mon Di-eu, fai-tes que les â-mes des fi-dè-les tré-pas-sés re-po-sent en paix. Ain-si soit-il.

Après la prière du soir, avant de s'endormir.

Sain-te Vi-er-ge Ma-rie, Mè-re de Di-eu, pri-ez pour nous. Saints An-ges Gar-di-ens, veil-lez autour de nous. Saints et Sain-tes, in-ter-cé-dez pour nous.

CHIFFRES.

1, 2, 3, 4, 5,
un   deux   trois   quatre   cinq.

6, 7, 8, 9, 0.
six   sept   huit   neuf   zéro.

On trouve chez le même Libraire tous les Livres d'Église bien imprimés avec de nombreuses augmentations, et les Livres d'Ecole avec des couvertures rouges et imprimées.

Magasin de Papiers à écrire, Plumes, Encre.

COMMANDEMENT

DE LA LOI DIVINE.

Vous aimerez DIEU
de tout votre cœur,
de toute votre âme,
de tout votre esprit,
et de toutes vos forces,
et
VOTRE PROCHAIN
comme vous-même.

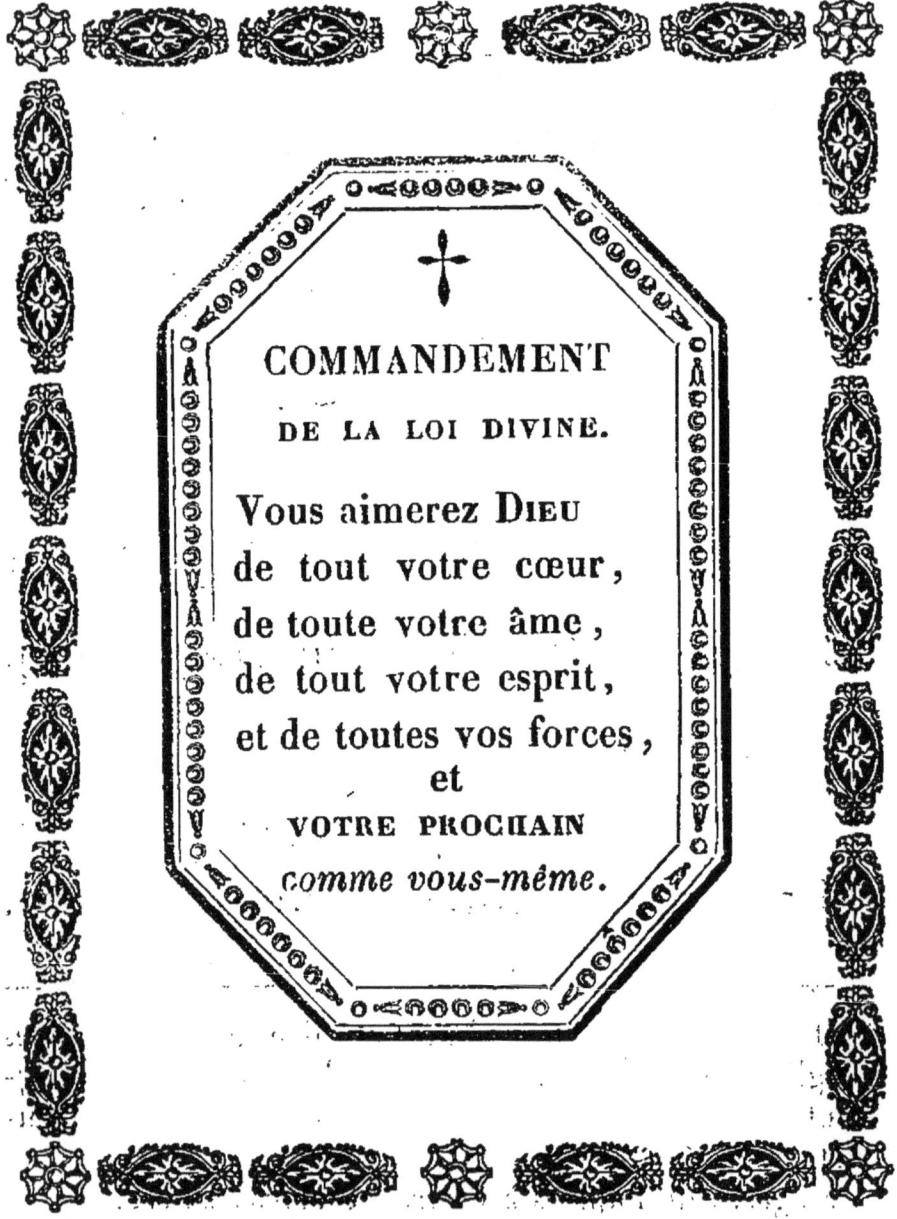

NOUVEL ALPHABET
RÉCRÉATIF,

Représentant les Rois de France.

DEVOIRS DE L'ENFANT SAGE.

Il faut aimer sa Religion, observer ce qu'elle prescrit, et ne point faire ce qu'elle défend. Il faut donc croire en Dieu, l'aimer, le prier, l'adorer, le servir ; vivre avec piété, sobriété et chasteté, aimer son prochain et lui souhaiter le bien ; être obéissant envers ses père et mère, maîtres et maîtresses ; être doux, patient, modeste, complaisant, charitable envers les pauvres ; être laborieux et attentif aux instructions qu'on vous donne.

1er Roi de France. Son règne commença l'an 420 et dura 8 ans.	3e Roi de France, chef de la 1re race, mort en 458, régna 10 ans.

5e Roi de France et 1er Roi chrétien, régna 30 ans, mort en 511.	11e Roi de France, mourut à 26 ans, en 638, régna 10 ans. St.-Éloi fut son ministre.

23ᵉ Roi de France, mort en 768, chef de la 2ᵉ race (les Carlovingiens).

24ᵉ Roi, mort en 814, régna 46 ans avec gloire sur la France et une partie de l'Europe.

36ᵉ Roi de France, chef de la 3ᵉ race (les Capétiens), mort en 996.

44ᵉ Roi de France, son nom est St. Louis, mort en 1270, régna 44 ans.

54ᵉ Roi, mort en 1461, chassa les Anglais de France, à l'aide de Jeanne d'Arc.

55ᵉ Roi de France, mort en 1483, régna 22 ans; il acquit la Bourgogne et la Provence.

57ᵉ Roi de France, fut dit le père du peuple, mort en 1515. Son 2ᵉ mariage se fit à Abbev.

58ᵉ Roi, dit le restaurateur des lettres, mort en 1547, Vainq. à Marignan, vaincu à Pavie.

63ᵉ Roi de France, il pacifia la France, mourut en 1610, régna 21 ans.

65ᵉ Roi de France, donna son nom au 17ᵉ siècle, mort en 1715, régna 72 ans.

67ᵉ Roi de France, né en 1754 régna 19 ans, mort en 1793, sur l'échafaud.

Napoléon fut le 68ᵉ souverain de la France, sous le titre d'*Empereur*, mort en 1821.

Abbeville, Imp. de C. PAILLART.

On trouve chez le même Libraire:

Alphabets Primaires ;
Arithmétique de Constantin ;
    Id.   de Croizet ;
Abrégé d'Arithmétique ;
Civilité puérile ;
    Id. Chrétienne ;
Catéchisme du Diocèse ;
Choix gradués de 50 sortes d'Écritures ;
Épîtres et Évangiles ;
Exercices de Noël et Chapsal ;
    Id   de Conty ;
Grammaire Française de Lhomond ;
    Id.   de Noël et Chapsal ;
    Id.   de Conty ;
    Id.   Populaire de Martin ;
Histoire de France ;
    Id. de l'ancien Testament ;
Vie de N.-S.-Jésus-Christ ;
Instruction des Jeunes Gens ;
Morale en Action ;
Devoir du Chrétien ;
Pseautier David ;
Aventures de Télémaque et généralement tous les livres classiques.

Abbeville.—Imp. de C. PAILLART.

www.ingramcontent.com/pod-product-compliance
Lightning Source LLC
Chambersburg PA
CBHW060914050426
42453CB00010B/1724